edition heusteig

Wolfgang Haenle

jeder hat anspruch
auf eine ruhelose zone

politische Gedichte
mit Fotos

edition heusteig

Bibliografische Information der Deutschen Nationalbibliothek: Die Deutsche Nationalbibliothek verzeichnet diese Publikation in der Deutschen Nationalbibliografie; detaillierte bibliografische Daten sind im Internet über https://dnb.dnb.de abrufbar.

© 2025 Wolfgang Haenle

https://www.wolfgang-haenle.de

Titel-Grafik: Wolfgang Haenle nach einem eigenen Foto

Fotos: Wolfgang Haenle

Verlag: BoD · Books on Demand GmbH, In de Tarpen 42, 22848 Norderstedt, bod@bod.de

Druck: Libri Plureos GmbH, Friedensallee 273, 22763 Hamburg

ISBN: 978-3-8448-0956-5

Kein Mensch hat das Recht zu gehorchen

Hannah Arendt

freigänger in einer gefangenen stadt

prellbock

sag ihm: überall gibt es den alten bahnhof
seine türme. hinauf starren rosse. rot blühen
kastanien. zu ihrem henker. die kettensäge schleift. groß
gekotze. am gleisende quietschen schwarze jahrzehnte

sag ihm: weichen. nach berlin fahren girlanden
der letzte waggon. verliert die rücklichter. blutleer
der tunnelblick. acrylkuppeln trachten nach geliertem
licht hinter rissen. am maschendraht zerrt der schlossgarten

die stollenbrust aufgebrochen. sag ihm: die quellen stehen kopf
der querbahnsteig kein denkmal mehr. nur pferdehusten
am letzten prellbock. faulen nicht abgeholte pendler. umgelenkt
längst unterwegs. der tgv zum gare de l'est auf schusters rappen

sag mir: wie kommen wir um gotteswillen
mit dem bummelzug nach oberkochen

wahlsonntag

mitten im park tipis. ein zuhause
seiltänzer schwingen am drahtseil
in platanenkronen. du siehst baum-
menschen die mit den sternen tanzen

rasten auf der wiese. ducken zwischen
halmen in den mergel beißen. du siehst
den akt. die sicht von wurzeln. sie lieben
kautabak. samen im genarbten. frisches gras

in der schillerstraße siehst du sie
fruchtigen teer an schuhen abschleifen
sie stimmen mit füßen ab. lügenpack
freigänger in einer gefangenen stadt

bunt bedruckt. du siehst sie alle
in der frühlingsluft. zu krähen starren
grünspechte klopfen eine bunte melodie
ein erster schwarzer fällt vom dach

schwarzer donnerstag

der zorn der pflastersteine ist groß
wir werfen mit kastanien
sie sagen wutbürger zu uns
die der wasserwerfer von den bäumen pflückt
auge in auge mit pfeffersprays
die helme haben immer recht
bäume werden umgelegt
munition für den schredder
schmerzlos sagen sie
wir werden klagen und einbrechen

an einem kopflosen herbsttag

jetzt zielt er auf dein licht. nur eine wellenlänge
vor dir. warum versteckst du dich. es geht um dich
es geht ums ganze. um dein licht. sieh doch
die letzte scham hat er abgelegt. die auferstandenen
bereits verscharrt. sie messen sich mit
den pellets für nachhaltigen okkultismus

jetzt ist dein licht abgetaucht
man hat dich gewarnt. wer ist man. er
oder die schielende umweltkuh. hier musst du
rütteln. und achte stets auf geschmeidigkeit
nein das ist infamie oder infanterie
zieh lieber den kleppermantel über

am offenen herzen

ein *gift.* die stadt kann immer gift gebrauchen. wir dachten ein
geschenk. sie hat ein offenes herz für kinder und die deutsche
bahn. für feinstaub und für stickoxide. vor allem aber für *tuben.*
überall werden sie in den berg gegraben. deshalb werden wir
auch den nesenbach hinunter gehen. *go to hell.* geh ins helle.
dafür standen wir in der demo. was die city dafür bekommen
hat: ein europaviertel. einen amputierten park. *cloud no 7.* auf
der wolke 7 bankentempel. unter der kernerstraße *hose pump.*
wieso wir tragen doch alle pumphosen. ob wir das überleben?
eine op am offenen herzen. *bullshit.* falsche frage. es leben die
bullaugen. kelchstützen. wie war das noch? dieser kelch soll an
uns vorüber gehen. keine op. kein stillstand. das eigene herz ist
immer noch das beste. *je suis au régime.* ja wir alle müssen diät
halten. kindergärten. turnhallen. mach doch mal ein *couvert*
auf. keinen briefumschlag. wir haben hunger. *take it easy.* der
fahrplan ist nur eine empfehlung. morgen fährt kein zug mehr
ab. wir *faken* den *station tunnel* mit einem *hashtag* und *tracken*
das rössle.

stuttgart ist schön

stuttgart ist schön. so schön ist stuttgart, dass man es kaum aushält vor lauter schönheit. die neuen einkaufszentren unvergleichlich schön, weil sie immer so schön voll sind. die straßen, die bahnen, und nachts erst die bars und clubs, alles so schön, schön überlaufen. selbst die jugend postet in social media wie schön geil stuttgart ist. und am allerschönsten die theo, so schön nachtgeil. schön ist stuttgart in den baustellen, tunneln. gleich neben dem nächsten wassereinbruch an der sängerhalle. wie schön und gesünder als jedes mineralwasser. und noch schöner ist der feinstaub, unvergleichlich schön, dass alle stuttgarter darin baden dürfen. hundert mal schöner als anderswo abgase. sie leuchten schön golden am neckartor wie nordlichter. schön ist stuttgart. das lernen wir jeden tag aus der zeitung. wir wissen das und singen es täglich schon vor dem aufstehen. so ein schöner tag in stuttgart. dann wird uns gleich schön anders, einfach schön.

mei schätzle

i lass mer mei gleis sechzehn nedd nemma
jetzt wo se scho an flügl abbrocha hen
noi mei gleis mit seim bahsteig des nedd
nur über mei leich. des versprech i dir

da wo i sells mädle s erschtemal gseh han
die mit dera affaschaugl. woisch. die wo i spätr
ondr der platana. grad oine von dene
die jetz ihr leabe hot lassa miesa

wegen dene hamballa. nix isch en heilig
am schdamm hem mer ons grieba ond verkassematucklad
koiner hat zuguggt außer dem käfer
der jetz auf am schraga liegd. als ledschder

koin zau hads gäbe ond koine bulla
mir wared ganz alloi mid dem käfer
ond mit dere fledermaus, die auf ons
aufpassd hat. jetz hat se koi heimad meh

mei zügle han e naus lasse. ben oins später gfahre
des hense extra wega ons aufs gleis sechzehn gschoba
sie isch en zwanzgr nei ond i en da eilzug nach süßa
am andre morga zrück end kleina schalterhall

da hen mr ons wieder droffa. i ben ens ka eins
ond sie ens katzestifd groiflad ond am obend
wieder am bahsteig vom gleis sechzehn an dere dafel
wo d wageständ druffbabbad. da hem mr knudschd

emmer auf em gleis sechzehn. des war onsers
und sell ischs blieba bis mer ons verlora hend
noch wien zom studiera. des had se obedengd müssa
i han se no auf da bahstieg brenga wella. ihre alde au

na hem mr ons blos gwonga. i an dera tafel
ond sie aus am fenschder. wien weschdbahhof
und stuggard hauptbahhof. sie isch nemme komma
zwoi mal hend mr ons no gschrieba

aufs gleis sechszehn ben i oft gange. sie isch nie ausstiega
nedd amal an weinachda. i hädd se so gern abgholt
ond i wär sogar mitgfahre mid ihr em oriendexpress
zom rosastei naus über da neckar. ob ses wohl glesa hat

mit dem bagger. so a bagasch. hurasiech. elles vergraba
lugabeidl send des. i han gheult grad so wie sellamal
komm doch wenigschdens jetz ond gugg dr die sauerei ah
an bauzau em schlossgarda. wenn des dr wilhelm wissd

woisch, früher send archidekda oba bliebe
hen an turm baud. der ischs na glei s wohrzaicha worda
heid lassed se elles verkomma damit se was zom baggra hen
s gleis sechzehn abrasiera. solche dagdieb

a schwabaschdreich isch des. ond erscht die zipfelmitza
schlofhauba uff da blaffo. sonna. dass i nedd lach
taubaschiss auf am goggs. die welled ons blos verdaggla
gleis halbiera. weil se se nedd bis sechzehn zähla kennad

14

de jonge solled nore macha. nedd knudscha
weddza solled se nach bratislava. mit dem bädscheler
ens hirn hense dene gschissa. die babbelarsch hend
no nedd gmergd dass a schwarze kua au blos weiße milch geit

friher wara mer stolz auf wald ond räba. em sutterain lachd koiner
an onserm gleis vergreifa. schafseggel send des
oh mädle. worom hasch me au alloi glassa am gleis sechzehn
s ischs doch onsers ond des bleibd au so

was hen die denn a ahnung von meira jugendlieb
send scho mid ma tunnellblick aufd weld komma
da nesabach diefer lega ond ombomba. so an soich
die mit ihrem mänädschmend em wasserkopf

noi. baschda. pfeifedeggel. mir langds jetz
i muck uff. ond andre au. mir send fei viele
komm mit. mr gangad zom gleis sechzehn
machad a knudschbloggad vor dera dafel

die bärte der philosophen klirren

hl st martin

dieser tag an dem ich bittere orangen
in bleiche gänsehäute reibe
rülpst fettaugen aus einer leber
einem bischof zur liebe vergeblich
sein verstecken beim schnattervieh
noch nicht geweiht und schon verraten
an die gestopfte geistlichkeit
bleibt mir die martinsgans
ein treuer fressgefährte

apsis

im kreuzgang beten sie ein vaterunser
du bist allein mit dieser tafel
preischl jakob dreißig jahre
eisernes kreuz. in flandern
heinrich wolf neunzehn jahre. 1943
stephan kalozci. rotweißgrünes band

geheiligt werde dein name
deine kameraden in afghanistan. 2011
keiner in den stein gemeißelt
ihre freiheit am hindukusch
ecce homo. und der ajatollah
wie auch du vergibst den schuldigen

beim mikrofon vier merkzettel für den prediger
ehre sei gott in der höhe. gotteslob
du glaubst an gott vater den allmächtigen
vier noten. wort des lebendigen gottes
der priester fügt hinzu: lob sei dir
im chor singen sie ein halleluja

erlöse dich von dem bösen
den berg schaffst du nie
achtzehn prozent
draußen ein straßenschild
im schlepptau: halteverbot
wie im himmel so auf erden

reverend auf dem eis

wir treffen ihn stets mit dem blick voraus zu gott
allein auf duddingston loch. puritanisch wie seine predigt
wenn ihm die winterlandschaft zwei stunden muse gönnt
kratzt er arabesken in den tiefgefrornen spiegel

manchmal lässt er die gottesanbeter frieren in seiner
canongate kirk. die ihm anvertrauten seelen falten
ihre hände wie schmetterlingsflügel. herr lass ihn
noch einmal aus den fängen dieser teuflischen gesellschaft

zu edinburgh entkommen. skating society. luzifers strudel
lässt ihn twizzles drechseln. gespinste. jumbils a hundred
eine harmonie dass selbst die biellmann neidisch wäre

nur mit den pirouetten muss er sorgsam umgehen
damit ihn nicht der drehwurm packt auf seiner kanzel
wenn das vaterunser bebt. das amen ihn zu boden wirft

der evangelische beichtstuhl

und dann das gezerfe um deine auferstehung
ein geheimgang hinter dem roten vorhang
voller sünden. aber die gehören nicht dir
schon gar nicht dem pfarrer. die farbe
von dornen in einem glaubensbekenntnis
rachitische mauerbäume draußen im hof
wurzeln in der geschichte von fürsten
dünn ist die luft im gesangbuch. risse. narben

lautlos und schmerzhaft wie hinter gardinen
du kannst sie weder biegen noch brechen
das ewige joch der sprache. babel. wolkenfackeln
verschwinden in deinem lächeln. weggewischt
von drei sonnenstrahlen servieren sie dir
saft zum klappern von kaffeetassen

bellona

am schönsten ist sie wenn sie von freundschaft redet
sich umdreht. dich mit einem augenaufschlag betäubt
anstiftet und du ihr nachschaust wie ihr kussmond
die nacht erklärt und den fluss mit breitem grinsen glättet

sie spielt die fältchen an mund und augen. lächelnd
zieht sie dich. den jüngling. wie einen falken auf den handschuh
deine blicke zu boden gedrückt. dass du ihre schwärze
nicht mehr erblickst. du bist an der leine. ein tor

in deinem offenen mund glüht ihr wort. verzückt
deine qualen zeichnet sie als muse. herrin der peitsche
kriegsbraut und schlachtenlenkerin mit ledermaske

als blüte geborene herzensbrecherin. ihre liebhaber
schwarze schwäne und weiße krähen. du weißt
wenn du sie küsst verbrennst du an ihrer zunge

autenrieths maske

ihr sollt nichts fragen bei der visite. es ist aus leder
braun. als ob das eine rolle spielt. geschichte
aus dem leben eines verwirrten. der wahn beginnt
mit einem flirren und flattern im mund. schattenlauten

dafür passgenau ein helm. nicht zum schrecken. die maske
zur behandlung. was wollt ihr denn: mund und nase sind
am leben. ein knebel. leicht gepudert. frei von sich selbst
der fixierte schädel. eine therapie. mein mündel. die vision

aufstand meines ganzen lebens gegen die gelehrten. hochverrat
und niemals untertan. die heiteren gedanken perdu. mit der liebe
die im nahen himmel wohnt. oh diotima. meine raserei in reimen

unsichtbare stricke zerren mir am hals. aus dem maul
kommt mir ein schrei. ein dunkles brausen verzagt die lippen mir
ein gurgeln als ob es meine verse in eine pudergrube zieht

godiva

deine türe offen für jede hand
kirchturm und büschel korn
nur fassade oder tribut an deinen mann
du bist kein abbild seiner beute

entblätterst wünsche ohne seinen spiegel
mit geordnetem zorn. bockig dein gaul
eine nackte lady auf dem pferd
rot oder strohblond. keine frage

ansichten eines künstlers. perücke
bei collier oder lieber geflochten
ein engel auf dem fels bei dalí

dein blick ohne gestrüpp. garben
die stadt unter der flüchtenden sonne
befreit von einem steuereintreiber

die unterlippe der habsburger

man sagt sie sei vererbt. eine krankheit
schau genau hin. der einzige ausweg
deine stimme. aus einer anderen welt
zeig endlich haltung. du hast keine

nicht einmal zu sauerteig. geschweige denn
zu austern. es sei denn zu weizenbier
das hat auch ein habsburger erfunden
oder ein untertan. das bleibt sich gleich

mit deinem headset kannst du nicht trinken
und auch nicht. na du weißt schon
ich aber kann deine unterlippe benetzen

es sind nur wörter. ein überhitztes mikrofon
überträgt deine stimme. bis du gesperrt wirst
schlürf weiter. es belebt die vererbung

hölderlins kutsche

alles stürzt auf eine harte seele
meine schale war noch nie loyal
in meinen armen scheuen pferde
im galopp. alle polster wiehern
mit dem taktstock. das ist verrat
ich lebe längst gebannt und friere
in ein nebelhorn gesperrt. vorgeführt
die schöne seele. klagebitter
alle geliebten schwirren wie irre
um meine reime. es pochen verse
verfallen dem unsichtbaren freund
ein treuebruch der die kutsche steuert

hölderlin nachfahren

autenrieths maske tragen nun alle
es ist die rede vom schreibfrieden
mesmerismus mit einem taktstock
die späten verse stecken an
donnergrollen und duelle
wer verbirgt sich noch nicht

freiwillig steigen wir in den tower
ganz oben angekommen. stürzen wir
in das gemälde von eugène delacroix
kein schuhmacher weit und breit
nicht eine linie führt uns die feder
heiter der sinn in der takelage

hölderlin lesend

alles auf anfang. ein trickfilm mit
amnesie. voll mit brüllaffen. wohin
mit den birnen. mitten im frühling
verschneit ein see. eisschollen
reichen sich die hände. endstation
die bärte der philosophen klirren
orakel lechzen nach hörern
es blüht das geschäft mit papier
schon immer schwammen lügen ganz oben
ratlosigkeit die einzige währung
nahrung für einen schwarzen schwan
eine verheißung die keinen mehr trifft

sie brauchen eine lichtgestalt. alternativlos

kabinett

noch ehe die pfeiler stehen
brechen fundamente ein
glieder lösen ihre gelenke
schlagen sich in stücke
das war die erste sitzung
nach der winterpause

gruppentherapie

am ovalen tisch treffen achtundzwanzig ihre seelen
eine leitfigur braucht charakterpflege. rückgrat
und gespür. krisen erfordern gegner und spieler
die britin auf der suche nach dem labilen gleichgewicht. blutegel
beim präsidenten die zitterpappel. pastorale zum abendmahl

unser aller rautenfee durchstreift die flure. klopft hier und da
unverbindliches lächeln. ihr mund schlürft abend und morgen
nichts ist gewiss. ein kikeri mit der achten fee. jetzt erröten
die beklopften. buchstabieren salvator auf griechisch
der falsche tag. *sie brauchen eine lichtgestalt. alternativlos*

nach mir die sintflut

und die sonne glüht vor jedem tag
raureif gleißt auf gräsern

der bussard jauchzt in den morgen
ich liege wach
die ohren zugestopft mit daunenzipfeln
und da ist der traum den ich nicht
wegwischen kann
dieser alp überflutet meine heimat
deine straße. sein haus. ihre wohnung
die natur kennt keine widerrede
und da ist der politiker. ein staatsmann
der alles leugnet und noch zehn andere
mitnimmt in die wahlergebnisse

raureif gleißt auf gräbern
und die sonne. sie versöhnt uns nie mehr

unplugged

was habt ihr hinter eurem nackten grinsen
wollt ihr unsern hirnen stöpsel ziehen
euch selbst das gedächtnis amputieren
abrissbirne. bleibt euren hohlköpfen fern

mit aufgeblasenen backen narrative
vermarkten. ihr habt sie patentiert und
angst vor der entschwärzten jungfrau
bellt wie angeschossen und geprügelt

spritzt tränen im auftrag von kuhaugen
rattengift gegen die eigene fahne. verweigert
die auskunft im namen der rose und
wenn wir fragen stellen schreit ihr sabotage

ihr schiebt uns schwarze magie unter die haut
gefüllte graphen und graffiti geister in unser blut
einen ganzen ozean mit letzten ölungen
würgeschlange. frisst leopard bei you for two

taurus soll helfen. schamlos entschüsselt
betet ihr die orwellsche verdrehung an. entlarvt
sind eure falschen prognosen. ihr spaziert tot
in den milchglashimmel. ki geschwängert

laufsteg

als erstes laufen die models aus. von der maschine weg-
gebissen. das schönheitsideal im flash der grafikkarte.
technikphilosophen haben sie klein geredet. jetzt sind sie
ausgetauscht gegen jene die nur auf dem bildschirm laufen.
ein künstliches röckeflattern aus dem speicher. denken in
finiten elementen. im core gezeugt. hineingeboren in den
virtuellen raum mit einem gesicht aus stylemix und klickr.
mimik in neuronalen netzen designed. eine techpredigt hat nie
ein amen parat. wenn schluss ist kommt die verlängerung.
morgen schlafen die ersten eisstielbeine mit ihren followern.
danach werden sie kunstvoll verrechnet mit einer illusion
ohne wischfinger. deep fake und alle sind geliked. habt ihr den
zaren inzwischen geheiratet im beamer? mit der body-cam?
nein auf der leinwand. eigentlich wäre ich lieber mit shudu
gram zusammen. mein algorithmus im kopf hat bereits die
segel gesetzt. dora laetitia asemwald auch nicht bad. aber die
frisur im bad. lieber nicht. angemessen ausgemustert. da zuckt
der kreativstift noch einmal verschämt.

kein mahnmal

noch gehen wir spazieren ein uraltes wachsen
deine wipfel sind den drohnen nahe
dass sie dich nicht in ruhe lassen
schmuggel von vergangenheit
keine grüne diät. placebophantasie
gerodet. verhäckselt. deine ideen sind asche

ein besteck für die zukunft. wozu deine äste
mit krallen. sie werden nicht nachhaltig sein
stolz ist nichts für die ewigkeit
nicht einmal für ein narrativ. auskünfte
auf dem schafott sind nie unscharf

wortbruch

lautlos und schmerzhaft
liegt er hinter gardinen
als notgroschen. er kann sich
nicht mehr verstecken. bleibt

liegen. wiederholt sich. ein ewiger
tanz mit der sprache. wolkenfackeln
verschwinden in seinem lächeln
drei sonnenstrahlen wischen ihn

nicht weg. beflissene finger
widerschreiben ihm mit farben
alle reptilien sind wechselwarm

wir verschwinden im leben
der stoff der erinnerung ist serviert
dazu klappern messer und gabel

kein chef ruft an

montag. morgen. die drossel
weckt die woche auf
das ist nicht abgesprochen
kein heiliger lebt in ihrem spott

dein körper flüchtet. die komik weiß keinen rat
geister. die schädeldecke stumpf gedacht
das licht vom traum verschwunden
du kannst es niemals wieder holen

aufgespalten rucken deine wirbel
beine bringen morgenglieder
in schwung. die reise ins ungewisse

dein doppelgänger bleibt liegen
trifft sich mit der bettkante zu einer séance
nein heute ist nicht montag. er ist bankrott

sendeplatz für eine sendepause

das wlan vom gitternetz abgeschnitten. codierte dezimalzahl
vor der bruchlandung. auseinander dividierte packets.
verloren in der glasfaserluft. die verschlüsselung dient nur den
geheimdiensten. unter freunden herrscht übereinstimmung.
einer führt. die anderen folgen. sonst wäre zu viel spam im
spiel. da müssten sie eingreifen. die algorithmen gehören
ihnen. wenn wir wackos zu mächtig werden kommt change.org
das ist damnatur. unsichtbare dritte maskiert. oder denkt ihr
etwa das lassen die auf sich beruhen. wir legen uns auf eine
luftmatratze. das meer ist ziemlich ruhig heute. hier hätte das
wlan freie bahn. eine perfekte notwasserung für eine 737 max.
aber die bleibt unten. ist gar nicht abgehoben. spinner haben
die piloten gefakt. ihre tage geswappt.

wo schwurfinger zusammenkleben

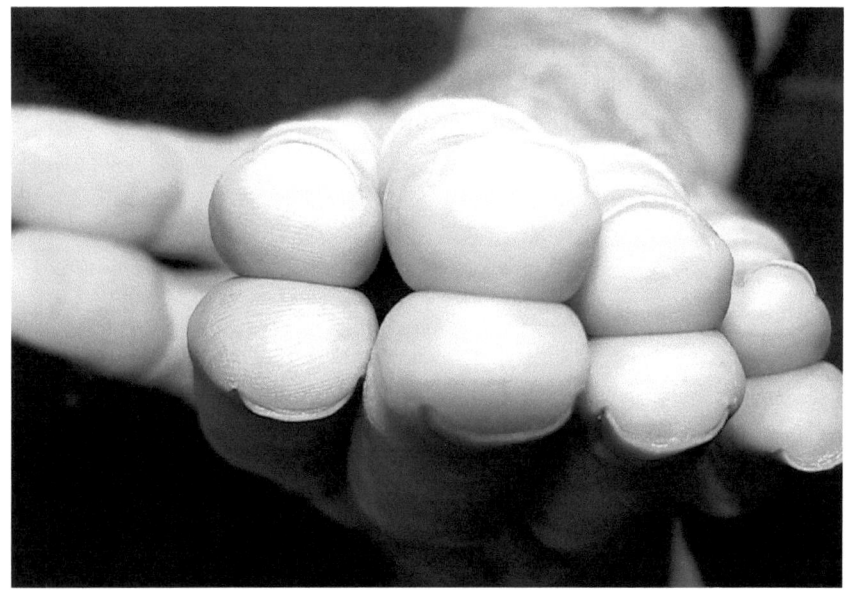

jetzt

wo alles auf dem tisch liegt
ist der himmel zugenäht
ein letztes erinnern verschluckt
die wolken sind entschwärzt

jetzt liegt alles offen
hat seine schlanke mitte
auf den punkt gebracht
wo schwurfinger zusammenkleben

einer sucht sein gedächtnis
findet es nicht in der nachsicht
die fassade hat risse. sie lösen

kein problem mit faktencheckern
enden in märchenhaften zahlen
das querdenken ist verhaftet

heimlicher nachruf

plötzlich gehen uns die zahlen aus
obwohl sie jeder auf dem strahl hat
wissenschaftler werfen sie beiseite
politiker schwören ihnen hinterher

keiner weiß wie dies geschehen konnte
jetzt sind sie fort. ungeliebt. missbraucht
sie waren krank. verbraucht. beschimpft
schwarze löcher in totenschädeln

die alten schriften. aussterbende klöster
schlafende elefanten. gedächtnisverlust
die zahlen kamen um zu bleiben. rissen türen ein
blindschleichen. statistiker. faktenschöpfer

sollen sie verwöhnt haben mit algorithmen
gleichungen ohne lösung. kein wunder
wenn sie die sonne löschen. sie sind der rest
ein letzter bruch in der negativen reihe
ein megatechnischer pharao

ewige welle

eine aalraupe im schwangeren wasser
komm baby lass es uns tun. krempel
die ärmel hoch. es pumpt sich in die adern
dringt als zungenwäsche dir in den schädel
in dein ausgelatschtes hirnhäuslein

der hummel zorn. ein großer operateur
mit einem doppelten spiel. tätowiert und
eine schlange fickt dich in die birne. sie hat
neun schwänze im giftzahn und flöten
im ohr mit riesigen stalaktiten und molchen

ich sehe dich

ich habe dir vertraut. gelauscht. du kannst
scheinwerfer in primzahlen verwandeln
die keksdose mit vanillesoße bestreichen
es ist schwer dich zu durchschauen

deine reden bieten keinen lichtschutz
ein gesülze voll falschem pfeffer. kein wort
aus deinem schwalbenschwanz gleicht
meinen emotionen. es ist wahr. ich kann

zahlen zurück auf scheinwerfer transformieren
sehe fremdes wasser im schlamm
der lügendedektor ist wie eine triebfeder

er zuckt in deinem herzen. deine vision klumpt
am anschlag. mein vertrauen ein nachruf
vor meinen augen jagt dein denken

neuerdings habe ich gebetsfahnen
hinter dem haus in unserem garten
meine freunde habe ich abgemäht
stumpf geflammt. stramm
knien sie vor dem ablassschein
der holzstoß hat jetzt eine seele
das totholz redet mit uns im fieber
voll demut blühen die fahnen

es ist doch nur

der nachbar. er schrie. wir dachten
an unseren sohn als sie ihn holten
ein scherz. wir lachten. alles ist sicher

wir hörten nicht hin. es war doch nur
das morgenrot das nach ihm rief
ihm alle leinen lockerte. vorgeführt
sein sträuben. er solle nie mehr lügen

in seiner wohnung steht der flügel
er spielt nicht mehr l'appassionata
kein ton klingt mehr wie wahr

sein mund verklebt und zugenäht
das lächeln unseres sohnes ist erstickt
im falschen stück. es ist doch nur
ein kleiner schritt. die klappe fällt

alles über wespen

einer von uns bleibt zurück
ich werde es überleben
von dir weiß ich nicht viel
du kamst um die ecke
war es der schweiß oder mein parfüm
wir haben nie miteinander gesprochen
ein feiner einstich. du lässt dir zeit
das serum sickert in meine kapillaren
sucht sich den leichtesten weg
im dunkeln schreien die laborratten

die wand

vergilbte morgenröte. ein klartraum
blendet dich. blitze auf der scheibe
eine winzige lüge. die geburt eines

schneeballs. sie haben dir den griffel
geklaut. du hechtest hinterher. an der ecke
greift die leuchtschrift nach dir

vergiss den spott. bleib lieber zuhause
du bist nicht einsam. darfst nur nicht
eintreten. hast doch verwandte auf einer insel
mit dem code darfst du fahren. aussteigen

alle türen verschlossen. ein bier mit dem freund
und du bist aus dem spiel. schneekugeln
mit grauen herren. dein horizont ist schief
zurück in die hütte. du begräbst deinen hund

maskerade

wieder eine unordentliche versammlung
von masken. ein karneval hinter glas
aufgeraute schattierungen am ende
einer langen welle. im saal verteilt
schutz vor dem unsichtbaren. ein stalker
ein grabscher. schwarze flocken in der luft
städte als totengräber. alle städte sind inseln
die statistik schmückt sich mit orden. beifall
triumph über den verstand. schau nur
wie sie in allen farben blöken. bemalt
mit einem letzten lachen. das steckt
im hals. ein grinsen. du kannst es riechen
gesichter angedockt. linien treu im kopf
ein blick in den himmel hinter aufgerautem glas

vielleicht solltest du besser nicht singen

gott hat es so gewollt. er hört mich dann besser
es gefällt ihm vor allem nachts. den brustkorb
zum anblasen der stimmlippen. mein dunkles organ

gott lebt auf einem gehöft nicht weit weg von meinem
dachgarten. streuobstwiese auf pappe. schon mal
gehört? da fangen die grashalme an zu zittern

sie zirpen. tschilpen. tanzen mit der melodie. ein grün
viel stärker noch als ampelgrün. parasitengrün
grün gesungen. verstehst du. ein gesundes grün

ist das höchste für gott. es tröstet ihn. vor allem nachts

zigarettenlänge an der autobahn

als pointe wünsche ich mir dies:
dass der verkehr sich ausschweigt
die autos einfrieren. stumm liegenbleiben
die lkw mit langen bärten am kühlaggregat
ich werde mich an sie hängen
und ihnen meinen rauch über
die nüstern blasen

die sonne hält dagegen. ihr brennglas
zerlegt den schweiß an meinen wangen
es ist wie ein sekundenschlaf
ehe ich wolken fange. den klängen
der fahrradklingel nachhänge
und sie unter meine mütze lege
an diesem tag schwimmen die schatten im meer

tanze auf den außenkanten des windes

über die schwelle

tanze auf den außenkanten des windes
rekeln. strecken oder sich verbiegen
mein gleichgewicht ist ausgerissen
dieses brett trägt kleine geister fort
volksmusik zieht in den tunnel
lockt mich weit ins labyrinth. visionen
ich tanze mit vier buchstaben
in die senke des untergepflügten nachmittags

grabstein eines straßenkehrers

mach ihm noch eine maske. staubmauer
gegen die laubbläser. habichte. wertlos ihr
aufheulen. mord im pflaster. im dreck erstickt
fratze eines tölpels mit drehgriff. mehlbalg

sein besen hat ein leben gegeben. ruten spreizen
sich nicht mehr. ihre saiten streicheln den spott
ende der flötentöne. der spion hinter jalousien
allein mit einem fremdblick. bestäubtes licht

ein alien der sich in die faust lacht. straßenfeger
sind wie orangen aus sizilien. aus valencia. jaffa
gut im saft. ihr tropfendes lachen. die zünder
längst gezogen. ein gurren zwischen meeren

schmelzkäse

wir werfen das lasso auf den vordermann
auf seine stoßstangen. suv´s verschlingen
alles. der schwächere spielt reiß aus
der klügere bohrt in der nase. schleckt
mit der zunge hinterher. überholverbot
wir sind sicher in unserer zelle. überstehen
das locker mit dem airbag. natürlich wlan
im koffer. bluetooth und gfünf. der sanka
kommt von ganz alleine. besuch mich mal
im aufwachraum und bring marmelade mit
passt zu scheibletten für mein gipsgesicht

plankton

wenn die strömung dir hinterher lächelt
ein meer sanft wie die wolken über kiefern
wirst du sprachlos. der nasse tod greift
nach dem licht in dir. du wirst nicht mehr
für was du dich hältst. als ertrinkender
genießt du die salzigen brüste der brandung
angespült als weinender stern voll glück
die bosheit ist der luminanz nahe

winterschlaf

ostwind schiebt uns vom eis
das haff legt uns fische ins maul. schuppen ins haar
wir schlafen im himmel mit den wölfen
bis die winterhexe zum tanzen ruft

dieses mal schlägt sie uns ein schnippchen
zu kalt zum picknicken bei minus sieben grad
eine leuchtröhre zuckt und zündet nicht den mai
zum mond fliegen wir später

müllkippe

mein kopf will schwebeteilchen loswerden
die alten regeln gelten nicht mehr
wie viele würmer kriechen aus all den affen
hüpfen auf jungen flusspferden herum

ich habe gebeichtet im sumpf
und meine ängste entleert
schmutz mit dem messer heraus
geschnitten wie eiterbeulen

vergeblich. sie krabbeln weiter. stolpern
hilft nicht gegen gorillas die essen bringen
kein machtschweiß ist ihnen gewachsen
der himmel zeigt seine rippen

lügen sickern aus lippen und gerinnen
impotent. gras sprießt auch in müllgruben

innereien

die ich liebe. gebraten in butter
abgeschafft wie die eisenpfanne
eine geste an peta und greta
grüne smoothies sind nun meine spender
ich sauge eine tube feuersalamander ein
das schmale fenster blinkt
in dem ich sterne sehe
ich mag es gar nicht wissen. missen
innereien für katzen und hunde
frittierte heuschrecken mit menschenrechten
delikatessen für den löchrigen magen
ich esse mich durch glasige augen
sehe gleise die nicht zusammenlaufen
zwielicht lässt mein herz stolpern
über pilgerväter und wunderheiler
bitte lasst die hoffnung weg

biedermeier

die tage sind eng wie gucklöcher
schnappwurst mit würfelzucker ist
keine finte. wir können sie riechen
ihr duft in unserer nase klingelt abstrakt
lieblich das einmaleins was uns lehrt
ästhetik ist eine tugend
macht keine bauchschmerzen
eine hängematte sorgt für das wiegenlied
blumen auf der tapete sind
von falschem mehltau befallen
wie alternde filmstars. pillen
als augensterne. bergmilch
von adalbert stifter gebiert bunte steine
schlägt sterne entzwei ganz ohne staub
müdes eigelb bekommt ihnen nicht

eisglut

das eis verliert seine substanzen
synapsengestöber im hirn, ein juckreiz
gegen die hitze und glitzern
sie haben nichts erreicht

es ist zum lachen wie sie sich brüsten
auf dem asphalt ihre extremitäten schmoren
leuchten von morgens bis in die umnachtung
kaltlampen. kindergärten zücken

spieße mit gemüse gegen die glut
eine kuh ersetzt keine milch
aus dem schredder gezapft

beschwer dich doch oder heul gegen den wind
bis dich die werbung umstößt
knockdown ist ein wort aus der boxersprache

jetzt reiß dich mal zusammen

in deiner gemüsebrühe kleben sommer
sprossen in feinen dosen. der letzte löffel
bringt es auf den punkt. es ist der himmel
du küsst hornissenstaub
eine fliege ekelt sich vor deiner nase

deine blicke verlieren ihre unschuld
wieso trinkst du vor dem essen. mutter trägt
eine sonnenbrille. sie will nicht sehen
wie blau deine augen schmecken
fettkraut frisst fleisch in rauen mengen

ein verlust der dir den verstand raubt
das betteln um heimchen ist pflicht
jetzt wo sie gezüchtigt werden im bioreaktor
eine delikatesse der sommer
der winter ein geruchspirat

mitläufer

du hast dich überreden lassen
für eine gute tat die angeraten wurde
willst wieder mal dein karma suchen
und verbessern. hast es zu oft verloren

die anderen spüren nicht was dich so plagt
ihr hohles gesülz aus dicken falten
willst nochmal mutig sein abseits
von deiner mühle. den ehrbaren rittern

auf ihnen ausgerutscht bist du
zur gegenseite gelaufen. egal. der gärtner stellt dir
deinen futternapf in das gejohle am schloss

und du frisst brav den phrasensalat
weißt deine kindheit war ein desaster
und jetzt hörst du auf denselben mist

hungertaler

lass die fisematenten. keiner hungert
schau dir doch mal die tafel an
die vollen tüten reichen für zehn
es ist ein fehler depressiv zu werden
eine stacheldrahtlüge unzensiert
dein körper ist niemals in gefahr

die geschichte ist jene aus dem lostopf
der sich vermehrt ohne dein zutun
fange an wie einer von uns zu reden
beamtensprech ist die schönste
dampfwalze der stadt. mit public viewing
in den alltag. was du weißt hast du

von uns. kopfüber in die zeitenwende
mit falscher zunge nach babylon

wider die leere

das innere ihrer gedanken leuchtet in den augen
stumm die güterwagen. ihre zukunft ohne datum
briefe verstecken sich in plumpen geschichten
von krankenschwestern droht niemals gefahr

es geschieht in der nacht wenn männer
strohpuppen besuchen. die gemeinsamkeit brennt
in der puppenklinik. ein nackter tag rollt dahin
räder fressen sich durch betonschwellen

pfeile brechen die brunst. der blutdruck hebt ab
weichen und signale schlucken den zug
es gibt keinen ausweg aus dem führerstand

nebel ist das ziel in deinem kopf. er fällt
in die zellen der kopfdrüsen. galerte schäumt
das bouquet garni ein. sinnlos sich zu befreien

worte mit platzpatronen

platonische schwätzer um den unschuldigen tisch
es ist nicht wie ihr denkt. es ist schlimmer
einer verfängt sich im rauch. bläst kringel in die panzerbrust
zerberus verlangt gehör. wo bleibt der pfarrer mit der hebamme
die erde ist wieder flach wie eine tischtennisplatte
die weißen begrenzungsstreifen fehlen. heruntergefallen
der staubwedel hat keine hand frei. fuchtelt feinstaub weg
deine nase trinkt genderlimonade. alles wird gut
bald ist vollmond. eine treibhausmaus kaut ihre käsenägel
die heilung des blinden ist vorbei. unsere orchidee bekommt
alles zurück aus dem lustgarten. ihre stärke steht auf dünnen
beinen. eine schwächelnde kerze macht ihr mut
liebste der baum brennt und es ist nicht weihnachten
ostern steht vor der tür und du hast die eier geklaut. ungefärbt

diebe

über nacht brechen sie in unsere worte ein
unsere zungen werden umgestülpt
und stillgelegt. alles sollen wir fressen
ihre sätze scharf wie rasierklingen foltern

unsere klagen stechen sie uns in den oberarm
den mund halten sollen wir trotz stacheln
ihre metaphern strahlen. hören sich an
wie rückwärtssprechen. sturzbetrunken

die zirbeldrüse gekappt. plötzlich und
unerwartet. übergeschnappt. nein. wir legen
ihre zungen frei und durchleuchten sie

wir sind nicht queer. oder tun nur so. keine lockvögel
für kohlenstoffdioxid kammern oder frostsamen
gebären keine eisnattern mit gefrierbrand

ihre phantasie kennt keine grenze

blinder passagier

ihr habt mich domestiziert. dressiert
mein überich. düstere rauchwolken
im funkenregen der silvesterrakete
eine vorschau auf das heraufziehende jahr

die proppevolle discobar. inzwischen
verstehe ich den spagat unserer kinder
freitanzen ohne tanzlehrer. neid der alten
draußen zerren social media am halsband

stadtwanderungen. selbstoptimierung
die neue metropole als sog. die natur im beton
eigenschmuck als therapie gegen selbstverletzung
maskiert durch eine app an der wir kleben

die gesichtserkennung deines gegenübers
ist ein algorithmus der feineren art. ein selfie
anstatt des spiegels. der lidstrich der aktionäre
die lippen eines verschlossenen kopfs

das zucken deines fingers am abzug. eine gewohnheit
der augenaufschlag gleicht der überwachung
die weichzeichnung gegen den popsong der ärzte
ich sehne mich nach einem lächeln bei der abschiebung

ablasshandel

wie könnt ihr es wagen

eine frage aus dem hintergrund. das widervieh
nicht zugelassen. warndreiecke kleingezählt
der klimatod ist für die grüne tonne

ihr mit eurem goldrausch
wie könnt ihr es wagen

der stolz der giergase klingelt von übersee
schiefer und sand. zauberworte. leugnen
zwecklos. am kragen gepackt die wissenschaft

wie könnt ihr es wagen
mit euren derivaten

nur fragen genehm mit einem blatt vor dem mund
das sonntagstheater nach dem tatort illwillmaischlanz
was für ein glanz in der diercke-westermann hütte

ihr mit eurer globalisierung
wie könnt ihr es wagen

unsere sprache hat viele ampeln. weichgespülte
luschen lutschen diesen senf. das beruhigt und macht spaß
l'art pour l'art. fettes profittheater unter artenschutz

wie könnt ihr es wagen
mit essen zu spekulieren

in dicken straßen. feinstaub. stickoxid. aerosole
ach wie schön ist es im milaneo suv parkhaus
nirgends lässt sich nachhaltiger streiten

ablasshandel mit zertifikaten
wie könnt ihr es wagen

verkümmerte schwarze lungenflügel
anwohner halt. die natur macht es uns vor
selbstheilungskräfte. aktiviert euer yoga

ihr mit eurem dieselgate
wie könnt ihr es wagen

aus allen kanälen kommt das feuer. gott
hat es uns gesandt. wir sollen beten. der priester
hat kein problem damit. macht euch die erde untertan

wie könnt ihr es wagen

loses fenster

das hinsinken der stadt hat etwas majestätisches
von stille geöffnet genügt sie sich nicht mehr
die straße liegt schief im ton. gegenüber
husten welche. dabei sind sie längst ausgezogen
ins radieschenbett. eine markise scheppert
und der trennschleifer jammert wieder in moll
seine geste ein lacrimosa wie der handschuh
der ihn führt. im mund ein stummer schrei
die brücke von munch ist aus dem zimmer
entwichen in die berge hinter den häusern
geblendet von strudlhofstiegen. scheibenmeer
jeder hat anspruch auf eine ruhelose zone
das ist das mindeste was uns ihr lied singt
noch vor dem kuhschnappeln im trickfilm

monolog

du bist mager geworden. dein bauch hängt
herunter. der stolz aus guten jahren aufgelöst
in schimmel getränkt dein atem. über monate

gerbte rostbraune brühe dein fell. färbte die haare
kloake schwappte dir die beine rauf und runter
trotzdem lächelst du ein paar sonnenstrahlen

deine vornehme geste zur einsamkeit
ein blick in die ferne. morgen früh werden sie
in ein schwarzes loch starren: deine dusche

bei freunden

einhundertzweiundvierzig tote
nach dem nachtessen zu acht spricht
der minister im ersten über freiheit
die wir in kundus verteidigen
so viele leute mit kanistern. taliban
zwei entführte tanklastzüge. kollateralschaden
zwei bomben. sie hören sie nicht mal fallen
die geschichte fegt über sie hinweg

als jemand umschaltet wundere ich mich
im dritten wollen knut und giovanna
in hellabrunn nichts voneinander wissen
ich verstehe kein wort. einer macht den ton laut
im bezahlfernsehen reißen sie sich die kleider vom leib
meine nachbarin lächelt mir zu
plötzlich färbt sich der bildschirm
bis in die winkel blutrot

alaska

nachts kommen bären im tarnanzug. nanooks
graben unsern müll um. rütteln fliegen von den gittern
ab und zu werfen sie schon mal eine tür ein
schlafmützen geben ihren schlüssel ab. sinilluarna

es ist der mammonismus. robben im hungerstreikkäfig
das eis geklaut. salzleicht im labilen gleichgewicht
unsere brücken krümmen sich vor dem einsturz
es ist die fähre die uns noch über wasser hält

ratschlag

hier ist das wiedersehen greifbar. du und dein marmor
inmitten der stämme rasseln die membranen. antennen
vor den kronen. die schleimspur der schnecke im moos
eine scharte im nackten beton. rostende stahlstützen ringen
mit wurzeln. ziehen dir den boden unter den füßen weg
die kühlrippen des maschinengewehrs streifen parasiten
geh ja weg. du darfst nicht wieder kommen. deine heimat
wurde gerade gelöscht. wir haben viele dialekte im krieg

hausbesetzer

die dachbodenfamilie purzelt von ihrer nachtjagd ins gebälk
holterdiepolter balgt sie sich mit mir um die träume
kreiselt um alle achsen. die saalschlacht tobt über meinem kopf
rock and roll mit überschlag. schulterkugel. aus dem dickicht

erste flüchtlinge ohne herkunftsnachweis. versprengt
aber mit abitur. ich bin ziemlich bedröppelt. das parkett
bewegt sich diplomatisch mit meinem schatten. da verfalle ich
lieber in den winterschlaf. friedlich bleibt dieses orakel

der muezzin um fünf mit gebetsteppich. jedem sein lärm
einen anderen himmel gibt es nicht. umarmen schafft freiheit
vertreibt den teufel. wenn ich dich wieder treffe küsse ich dich

staub rieselt durch feine risse in meine geschichte
fällt auf die steppdecke. in der nase juckt es. ich tanze walzer
wieviele seid ihr. egal. der rasenmäher bläst den morgen an

im namen der heimat

das land ist abgeschafft
wir schieben uns ab
demokratie ist das zauberwort
und alle stehen hilflos daneben

ich mag nicht glauben dass wir
überleben ist das letzte was bleibt
ich will keine scorer punkte
und schon gar nicht gehorchen

das mochte ich schon als kind nicht
sträubte mich gegen parolen und
sprüche. weisheiten dienten anderen
jeder war nicht seines glückes schmied

der schwachsinn wurde uns eingeimpft
lasst mich frei. eine sünde wählen

im anschlag

dass wir weiß sind macht uns verdächtig
an allen grenzen des mittelmeeres
sichtbar und unsichtbar. fremd
durchleuchten sie jede furcht

nackt im licht stehen gedanken
gläsern unser bleiches lächeln
bis auf die unschuldigen knochen
ihre haltung vorschriftsmäßig

auf unseren blick gezogen
im asphalt zerschneiden sie die nacht
jagen löcher in unsere lust

vertreiben das vaterunser
ihre phantasie kennt keine grenze
wenn es um unsere schuld geht

im westen

was du siehst hat tradition. die geschichte hinter der mauer
bleibt hohl. satt oder nicht satt. die größten spielen fußball
am besten machen es tote. die kannst du hier jetzt öfter sehen
die verlierer ersticken in den tempeln der ameisen

zur abwechslung klettern mutige auf den schutzzaun
und fangen fliegenköder. andere essen aus ihrer einkaufstüte
lämmerschreie. triefende krusten aus altbackenem geschwätz
erinnerung in den mundwinkeln. außerhalb treiben es trolle

der hund der kater der stier und selbst der stallhase
alle haben einen schwanz mit dem sie steuern einsammeln
ein gleichgewicht das nie versagt. nichts was sie aus
der bahn werfen könnte. die zweite halbzeit hat jetzt begonnen

deine bälle prallen ab an der wand. du hast den verstand verloren
penalty nennen es die einen. ausgequetschte zitronen die anderen

containerstadt

eine abordnung von gelben muldenkippern
die wie bienen summen vor ihrem stock. abrissbrache
hinter dem weidezaun bohrt die ramme ihren rüssel
in den fels. groß wie ein fußballfeld diese öde halde

wenn du rückwärts fährst. piepsen. sonst verschluckst du dich
mit deinen reifen. immer tiefer in die furchen. drückst dich. bis
die maschine fast im schlamm versackt. stößel mit fahrstuhl
ist eine unvollständige vorstellung einer neuen siedlung

der widerstand läuft gegen die mauer. das hatten wir schon
die schonung ist gebrochen. alles gehorcht dem bagger
der regenwurm spielt seine letzte karte als die schaufel kommt

das kauderwelsch der liebherren raupe. gerissene schlaumeier
der letzte schrei des masterplans. hurra wir schaffen das
die muldenkipper warten bis weit in den raps hinein

eris

fortgetrieben. niemand erkennt mich
so klein verhutzelt unscheinbar
ich hab einen goldenen apfel geworfen
bei seiner hochzeit. sie streiten sich
immer noch um den kleinsten größten
planeten. die sonne kann ihn gut sehen
mit seinem mond. ich bin ein lorbeer
für dieses paar. für liebende. ich bin
die göttin die platz findet am himmel
und in der hölle. wohne im herzen
geifernder süchtiger. spinne fäden
eine augenweide für vergiftetes heu
gestern spuckte ich in ihr gedächtnisbüchlein
jetzt hilft die notaufnahme auch nicht mehr

in der freiheit

am morgen passieren wir ein containerhaus
eine löwenzahnwüste in einer stadt mit überflüssigen
brachen. unsere zacken abrasiert. die baggerschaufel
abgezogen in die nächste einöde. glasscherben
siedeln als unterflurmauer. keine pufferzone
auf abruf. die angst die hier herumliegt
darf in keinem hosenboden fehlen

am fuchsbau

meine allerliebste mary:
hier scheint ewig die sonne
jeder tag ein deutscher himmel
bald bin ich braun wie mein bruder

wie geht es helvik? ich komme zurück
wir holen uns die jugend wieder
die hochzeit. unsere liebe und die geburt
zaubernächte und verwunschene tage

ich habe noch immer kein foto von dir
du hast es für dich behalten müssen
es wäre bestimmt nicht angekommen
der weg ist so schrecklich weit

ich bekomme das gleiche essen
wie die freundlichen einpeitscher
sie verwöhnen uns ab und zu
mit hundegebell. das tut gut

wenn wir einen halben kanten brot
verstecken zwischen den beinen
nichts ist sicher vor ihren zähnen
ihre zungen reiben uns die gänsehaut auf

ein ukrainischer arzt befreit uns
von läusen und eiern einmal pro woche
ich habe meine haare noch. manchmal
zeichne ich in den sand als zeitvertreib

das rote kreuz schickt uns matratzen
weich und bequem wie strohsäcke
im warmen bett strecken wir die glieder aus
die vorarbeiter nehmen uns vieles ab

die nacht hier ist wie zuhause
die sterne sehen alles. viele sind lustig
fallen aus dem himmel auf die erde
wir stehen still in einer reihe und warten

unser zugführer. seine heiseres lachen
ist marschmusik. der kanonendonner fern
ich lege kohlen auf im lagerofen
einige worte dorthin sind kurzweilig

der russe stiehlt. vor allem essen. zigaretten
alles was uns gehört. er bekommt ein mildes urteil
wir ziehen an seinem strang. schauen uns nicht an
denken an unsere brüder und väter

übermorgen ist freitag. einmal im monat
bekomme ich eine postkarte
von dir mit dem nordwind
aus oslo hierher zum appellplatz

komm leise

aufs dach wo die sterne bei den christbäumen brennen
eine leuchtspur zischt über rohrschlangen. zentrifugen
das nachtfauchen der cracktürme. schlote und
ein brennglas zwischen den fassaden. ein müdes zittern
der kirchturm. mit einem rosenkranz in der tasche
urkunden. du zählst die orden deiner sommer
und alle spenden der sodafürsten. dreihundert sechzig grad
oder sind es fünfzehnhundert. unter den wolken funkelt es

die tasse

majestät wir brauchen frische fische. unterseeboote
kein porzellan aus ... dort hatten sie immer eine mauer
wir haben unsere fechtkunst verloren. den degen
edle glasur hilft nicht. kein zärtlicher dampf

wir sind im ... ach lassen wir das. her mit dem unterseekabel
wir müssen dringend telegrafieren mit den schnittstellen
wo sind die legionen. nicht im tafelsilber in goldenen fioretten
an der front der wasserspiele baden jungfrauen und fische

der tassenrand soll mord und krieg verspüren. schaudern
sich schütteln. zittern. am tod die lippen sich verbrennen
der sitzt schon lange mit am tisch. majestät am kopfende
bald quietscht ihr lehnstuhl ein stoßgebet für die fliesen

in meinem kopf rauschen unterseeboote im weißen tee. general
ein hauch beschaulichkeit wohnt im aquarium. lass er mich in ruh

dein schatten. er verblutet auf dem teppich
als wir gehen fällt feuer auf uns herab
der himmel aprilblau läutet eine geburt ein
tauben picken reste einer quattro stagione auf
der beginn eines lebens unter ausgebrannten
sternen. schwarze löcher im wartesaal
brücken fallen übereinander her. plattentektonik
wenn du es ans ufer schaffst wirst du
auf dein eigenes herz hinabstarren
das schönste was dir geblieben ist

ellenbogen

als wäre gott dir völlig unbekannt
nie vorgekommen ungalant
brutal und so vollkommen
angst hat dir den mut genommen

was ist in diesen blauen augen
die aufgetaut ins helle staunen
heimlich hinter den rollos
siehst du farben von bonbons

auf deinen zäpfchen. willst du tasten
ins innere wo die synapsen
pfeile in die netze spinnen
und mächte ihre regeln pinnen

dir den stiefel in die fresse halten
und narrative deine nase falten

in der waschküche

leer steht der himmel über uns
kriecht unter der tür in den schatten
schließlich haben wir ihn

hacken sein hundegebell klein
der tod ist ein eisiger abend
der weg zum herd so kurz

drei löffel salz für den suppentopf
beim schofeligen koch geklaut
wir schmieren talg uns in die runzeln

kratzen ein leben von den knochen
flöhe prasseln ins ofenrohr wie nasses holz
im bodensatz fletscht er nochmals die zähne

später ziehen wir an unseren stummeln
paffen den schergen kringel hinterher
ihr wolfsgeheul hallt nach
in allen rippen. kameraden

lagerfeuer

geblendet von flammen auch diese nacht
berge bieten schutz. die schergen
spielen karten fressen mit den fingern
jubeln als hätten sie die welt in der kasse

wir frieren uns in die taschen
unsere retter sind tot. nur die vögel
bewachen was noch übrig ist
spiel mir ein lied vom überleben

trau keinem blinzeln. ein säuseln
ist wie ein sturm im wald
unsichtbar unsere fesseln. keine
hoffnung auf der kargen lagerstätte

einer hat das sagen in der glut
sind wir asche oder glühende scheite?

in steilem gelände

höher als jede mauer erdrückt mich
der überhang. verkohlt der fels
von einer leeren versprechung
die weinblätter hängen tief
unter mir der wassermann
ich liebe es wie sein hengst
auf dem wasser grast. träumt
meine nase schmeckt zukunft
ich halte mich fest. das kletterseil
meine geliebte. eine gelbe rose im felsspalt

panettone

du hast es geschafft. dein gesicht
in stein gemeißelt. alabaster
reinweiß wie bei deiner geburt
die brache wo deine jugend verblüht
ein trümmerfeld. die tarnfarbe abgeblättert
im fadenkreuz dornen voll bitterer gewürze
du liebtest diesen kuchen mit bunter
sukkade voll mit scheinheiligkeit
dein gebäck. du bist weit und ewig satt

musterung

du fährst deine gedanken spazieren
die achterbahn endet in deinen wurzeln
es ist schön alleine zu sein in der dunkelkammer
im gegenwind auf den tragflächen bist du frei

der strom peitscht ein lächeln vor sich her
du schauderst als der himmel blass wird
klammerst dich an eidechsen und käfer
eine kalaschnikow wirst du niemals lieben

am galgenberg

hinter dem wäldchen quellen schlote. feuern
zum albtrauf. spalten den himmel. schwefel
abgefüllt in wolken. der apfelbaum rollt blätter ein
an der backsteinwand rebelliert der sommer

am kanal die gießerei. zum wehr treiben forellen
gezinktes wasser. stundenlang ihr schnappen
für sie biegt sich die angel nicht mehr. schwere luft
wie damals als der stadtbrand sein urteil sprach

die steige hinauf hustet ein lorbeerkranz rostblumen
der hanomag nagelt fetten ruß in die friedhofsmauer
vom letzten jahr das eichenblatt. eine frau hält den hut
gehetzt vom leichenwagen. die knochen müde

gefallene helden. die sargträger im frack. angelernt
ein soldat mit stahlhelm. von überall grüßen tote
salutieren auf der tafel. die orden längst verteilt
am postament drohen feldblumen mit dem gewehr

ihr sollt es einmal besser haben: im mädchenzimmer
feiern zwei ihren aufstand. jeans. nieten in röhren
die alten malochen für das eisenwerk. müllkippen
wuchern. gräser wachsen wild im wirtschaftswunder

weit und breit der aufschwung. alle triumphieren
elvis an der zimmerwand. seine hüften buhlen
love me tender. love me quick. die chauvis erledigt
von james dean. übermorgen gibt es die pille

ich sehe dunkel

das mondauge sieht. ich weiß nicht was
die erde grau und nicht von gestern. heute
ist alles anders. die bäume blühen
an stellen die wir nicht kennen
alle verträge gekündigt. jetzt müssen wir
alleine zurecht kommen. blitz. das spiel ist aus
der könig umstellt. fallout. vorgestern
war keine option. wir haben ernst gemacht

papa komm erzähl mir

papa erzähl mir was vom frieden
wie du auf die straße gingst
und demonstriert hast. warum
sie dich zusammengeschlagen haben

was ist eine sitzblockade erklär es mir
weggetragen haben sie dich
papa erzähl warum du verhaftet wurdest
und wie du vor dem richter standest

wie er dich verurteilt hat papa erzähl
wie du monate abgesessen hast
und wieder rausgekommen bist

papa erzähl mir was vom frieden
und wie sie ihn vergessen haben. papa
verrat mir wie du jetzt in frieden leben kannst

Anmerkungen

autenrieths maske = Maske zur Knebelung von Patienten
bellona = Ehefrau des Kriegsgottes Mars
damnatur = der Zensur dienende technische Formel
dora laetitia asemwald = digtale Kunstfigur von M. Zentner
duddingston loch = Süßwassersee in den schottischen Lowlands
eris = die Göttin der Zwietracht
eugenè delacroix = französischer Maler (Marianne)
fuchsbau = Arbeitslager in Sachsenhausen
galgenberg = früher Richtstätte
godiva = eine angelsächsische Adlige des 11. Jahrhunderts
hashtag = Schlagwort in Posts
hose pump = Hochdruckpumpe
hungertaler = Münze die an eine Hungersnot erinnert
je suis au régime = ich bin auf Diät
jumbils a hundred = schottische Knoten (Süßgebäck)
lacrimosa = die Tränenreiche
luminanz = Helligkeit einer Farbe
klickr = KI gestütztes Foto und Video Programm
mesmerismus = magnetische Kraft im Menschen
nanook = Polarbär
packet = digitales Übertragungspaket
scorer punkt = Belohnungspunkt beim Sport
shudu gram = das erste digitale Supermodel
sinilluarna = süße Träume
stylemix = KI gestütztes Foto und Video Programm
swappen = auslagern
twizzles = schnelle Drehungen auf einem Fuß
wacko = Spinner

Inhaltsverzeichnis

Über dieses Buch

In seinem sechsten Lyrik-Band wagt sich Wolfgang Haenle als Dichter in die Welt der Politik. Angefangen hat alles lange vor dem Protest gegen Stuttgart 21. Sein Motto: Wenn alle gleich denken, denkt niemand. Seine Idee: Sich zu äußern und Gedanken zu offenbaren. Gedanken, die nicht vorkommen dürfen und die trotzdem nicht verkommen dürfen. Seine Verse kratzen hart an der Grenze zur Satire und versprühen trotzdem Humor.

Wolfgang Haenle

auf der Durchreise 1945 in Altötting evangelisch geboren, aufgewachsen in Göppingen, 1965 Abitur, Studium des Maschinenwesens und der technischen Fotografie an der Universität Stuttgart, wiss. Mitarbeiter an der Uni Stuttgart, seither im Umland von Stuttgart wohnhaft; Fotograf, zahlreiche Fotoausstellungen; seit 2007 freier Schriftsteller; Veröffentlichungen in Anthologien; Stipendium des Förderkreises der Schriftsteller:innen in BW; Mitarbeit im Bundesverband junger Autoren und Autorinnen und beim „Steinzeit Projekt" des SWR; Bücher zuletzt: „stunden mit uns selbst" Liebeshaiku im Dialog, mit Jutta Weber-Bock, Berlin, 2025; „morgen früh kaufen wir das haus den fischen ab", Gedichte, Norderstedt, 2024; „von der Unschärfe der Wälder", Gedichte und Fotos, mit Jutta v. Ochsenstein, Norderstedt, 2022; „b.antwortet", Gedichte, Stuttgart, 2015; „eine hand voll du", Gedichte, Stuttgart, 2011.

JUTTA WEBER-BOCK
WOLFGANG HAENLE

stunden mit
uns selbst

LIEBESHAIKU IM DIALOG

Jutta Weber-Bock und Wolfgang Haenle
stunden mit uns selbst
100 Seiten ISBN: 978-3-949029-40-0
Hardcover 17 €

Kraniche stehen in Japan
für Glück und Liebe.
Genau das erzählen
die Haiku in diesem Buch.

ich sehe dein lachen / frühmorgens am mond kleben

Jutta Weber Bock und Wolfgang Haenle haben sich
in der heißen Phase ihres Kennenlernens in rund acht
Wochen mehr als tausend Haiku geschrieben.
Neunzig davon sind im Buch des Rotkiefer-Verlags
erschienen.

wolfgang haenle

morgen früh kaufen wir
das haus den fischen ab

gedichte

Wolfgang Haenle
morgen früh kaufen wir das haus den fischen ab
Reisegedichte
100 Seiten, ISBN: 978-3-7597-9386-7
Taschenbuch 10 €

Fragezeichen hängen schräg zwischen den Versen,
wenn Götter um eine neue Ernte betteln und sich ein
ausgekratztes Land ins Meer stürzt.

Von der Unschärfe

Gedichte von Jutta v. Ochsenstein und Wolfgang Haenle

der Wälder

Jutta v. Ochsenstein und Wolfgang Haenle
Von der Unschärfe der Wälder
Gedichte und Fotos
100 Seiten ISBN: 978-3-7562-2968-0
Taschenbuch 10 €

Gedichte die unter die Rinde gehen

in die Sinnflut gefaltet -
ihre köpfe in die freiheit gereckt